AF438267

NOTICE

SUR LA VIE ET LES TRAVAUX

DE

M. ADOLPHE DOUMERC

NOTICE

SUR LA VIE ET LES TRAVAUX

DE

M. ADOLPHE DOUMERC

Docteur en médecine,
Membre fondateur de la Société entomologique de France,

PAR

M. MAURICE GIRARD,

Professeur au collége municipal Rollin,
Membre de la Société entomologique de France.

Extrait des Annales de la Société entomologique de France,

PARIS

TYPOGRAPHIE ET LITHOGRAPHIE FÉLIX MALTESTE ET Cie
22, rue des Deux-Portes-Saint-Sauveur.

—

1869.

NOTICE NÉCROLOGIQUE

sur la vie et les travaux scientifiques

DE

M. ADOLPHE DOUMERC,

Docteur en médecine,

Membre fondateur de la Société entomologique de France,

Par M. Maurice GIRARD.

(Séance du 10 Février 1869.)

Peu d'années après la révolution de 1830 un certain nombre de savants et d'amateurs instruits se réunissaient dans un accord commun de leurs études et de leurs goûts pour fonder la Société entomologique de France. On peut dire qu'il y avait là une conséquence naturelle du mouvement littéraire et scientifique qui accompagne de soi-même toutes les époques d'expansion libérale ; la France intelligente vibrait alors sous ces discussions passionnées, mais fécondes, qui avaient pour centre les grandes figures de G. Cuvier et de Geoffroy Saint-Hilaire. Aujourd'hui que nous avons l'expérience de trente-huit ans pour nous, aujourd'hui que l'exemple donné par la France en 1832 a rayonné sur le monde entier, puisque l'Australie même, dont on ne connaissait pas entièrement le contour au commencement du siècle, possède une Société entomologique, c'est avec un respect en quelque sorte filial que nous devons honorer nos fondateurs. Si quelques-uns, en bien petit nombre, ont senti s'évanouir une vocation éphémère, constatons que presque tous ont persévéré jusqu'à la fin de leur existence. La mort a fait sa grande moisson, et c'est dans leurs rangs déjà si éclaircis qu'elle a frappé récemment un coup douloureux et imprévu. La Société m'a déféré l'honneur, à moi presque nouveau venu, d'être l'interprète de ses regrets et de son émotion sympathiques.

M. Adolphe-Jacques-Louis Doumerc était né à Hambourg le 17 mai 1802. Sa famille est originaire de Montauban, et compte parmi les plus distinguées et les plus honorables du département du Tarn-et-Garonne, où elle subsiste encore. Le père de notre collègue, Auguste Doumerc, remplit quelque temps les importantes fonctions de munitionnaire général des armées. Son aïeul, Daniel Doumerc, qui avait dès l'ancien régime occupé des fonctions analogues, fut député du Lot au Conseil des Cinq-Cents, et, malgré sa modération, n'échappa point, d'une manière complète, aux terribles secousses de la Révolution ; condamné après le 18 fructidor an V à la déportation, il n'avait évité qu'à grand'peine d'être envoyé à Cayenne, de même que l'illustre entomologiste Latreille. Un autre membre de la famille Doumerc, le comte J.-P. Doumerc, fut l'un des plus brillants généraux de la République et de l'Empire, et a laissé un glorieux souvenir dans l'histoire de leurs campagnes.

Adolphe Doumerc suivit, après l'achèvement de ses études classiques, les cours de la Faculté de droit de Paris ; mais il avait été initié de bonne heure aux sciences naturelles et avait pris promptement pour elles un goût et une aptitude prononcées. M. Auguste Doumerc possédait dans le bois de Boulogne le beau domaine de Madrid-Maurepas, et Adolphe Doumerc, élevé près de sa famille, y passait avec elle la belle saison. Le bois de Boulogne n'était pas au commencement de ce siècle ce qu'il est aujourd'hui, après les *embellissements* de l'édilité municipale, si odieux aux amis de la nature. Les larges allées poudreuses, les terrassements, les déblais et remblais, la construction de maisons d'habitation dans l'intérieur du bois, ont fait disparaître les insectes, en même temps que le rateau et le balai administratif ont détruit toutes les plantes sauvages. L'entomologiste Geoffroy et les illustres de Jussieu faisaient autrefois dans le bois de Boulogne de riches moissons, et il est cité fréquemment par Duponchel comme une des bonnes stations entomologiques des environs de Paris. Les séjours prolongés du jeune Doumerc dans une vaste et agréable résidence, qui, bien qu'aux portes de Paris, avait tous les charmes de la campagne, contribuèrent sans nul doute à développer ses dispositions innées et durent le porter principalement à l'étude de l'entomologie et de la botanique, sciences qui occupèrent toute sa vie.

Adolphe Doumerc n'avait encore que vingt et un ans quand une heureuse occasion s'offrit à lui d'étendre à une faune et à une flore inconnues et d'une admirable richesse des connaissances approfondies de l'histoire naturelle française. Il commençait ainsi de bonne heure, à l'âge où tant de jeunes gens des hautes classes sociales semblent mettre leur vanité dans de stériles dissipations, à se créer ses premiers titres à l'estime du monde savant.

En 1823, un ami de la famille Doumerc, M. Leschenault de la Tour, naturaliste du roi, fut chargé par le ministère de la Marine de visiter les territoires de la Guyane française, de Surinam, de Demerari, les îles de la Guadeloupe, de la Martinique et de la Jamaïque. Adolphe Doumerc fut adjoint à cette mission ; elle avait pour but principal les progrès agricoles de nos colonies de l'Amérique du Sud ; mais M. Leschenault se concerta avec les professeurs du Muséum afin qu'elle servît en même temps à l'avancement des sciences naturelles, et G. Cuvier ne cessa à ce point de vue de suivre l'expédition avec un grand intérêt.

Adolphe Doumerc partit de Paris, avec M. Leschenault de la Tour, le 26 mai 1823, et le 11 du mois suivant ils quittèrent Brest sur la corvette le *Rhône*. Le *Rhône* se rendait d'abord au Brésil. Arrivé à Rio de Janeiro, le 29 juillet, le jeune naturaliste mit à profit son séjour, fit diverses courses aux environs, et recueillit des plantes, des oiseaux, des insectes peu connus. Le 29 août il partit pour Bahia, et n'y arriva que le 28 septembre, après une longue et difficile traversée, comme il s'en rencontrait fréquemment à cette époque de pénible navigation à voiles. Il resta seulement huit jours dans le pays et y trouva diverses espèces nouvelles d'Urticées. Le 5 novembre il arrivait devant Cayenne, cette colonie qui un quart de siècle auparavant avait failli servir de lieu d'exil à son aïeul, et qui fut le tombeau de tant d'autres victimes.

Adolphe Doumerc apportait dans la Guyane l'arbre à thé sur la culture duquel il avait rédigé un mémoire de concert avec M. Leschenault. L'essai d'acclimatation fut fait au Jardin botanique de Cayenne.

M. Doumerc se rendit bientôt après, avec M. Leschenault de la Tour, dans la colonie de la Nouvelle-Angoulême, sur les bords de la rivière de la Mana, d'où il envoya divers objets que G. Cuvier avait demandés, particulièrement le squelette d'un grand Tamanoir, le squelette d'une Pygargue, etc. Il visita dans cette excursion les peuplades sauvages des Galibis et des Arrowalis.

M. Leschenault partit pour Surinam vers le milieu de décembre sans pouvoir emmener M. Doumerc, par la nécessité de diminuer les dépenses d'un voyage qu'il considérait comme devant être très-coûteux ; il séjourna alors pendant trois mois à la Guyane hollandaise, malgré l'insalubrité naturelle au climat, qu'augmentait encore une épidémie.

Au commencement d'avril 1824 MM. Leschenault et Doumerc firent au Muséum d'histoire naturelle de Paris une expédition des objets qu'ils avaient rassemblés jusque-là et qui ne remplissaient pas moins de treize caisses. Pendant les mois suivants M. Doumerc resta à Cayenne avec M. Leschenault, sans discontinuer ses études et ses recherches. Il fit quelques excursions aux environs, notamment sur la rivière l'Oyack. Les objets réunis pendant cette période furent compris dans un nouvel envoi au Muséum, envoi qui parvint en France en même temps que les deux naturalistes et sous leur garde. Les voyageurs comptaient partir en novembre pour les Antilles, et supposaient devoir encore prolonger leur absence de deux ans pour achever les travaux de leur mission ; mais la santé de M. Leschenault, depuis quelque temps ébranlée, se trouva tout à fait compromise, et il dut revenir en France sans donner suite à ses projets. Adolphe Doumerc s'embarqua avec lui le 30 août à Cayenne sur la gabare de la marine royale la *Bayonnaise*. Dans la nuit du 9 au 10 octobre une tourmente surprit le navire et le mit plusieurs jours en grand danger. La gabare, désemparée de ses agrès, fut forcée de relâcher à la Corogne. Enfin, le 15 novembre, les parents de M. Doumerc furent prévenus que, d'après un avis du télégraphe aérien, la *Bayonnaise* venait d'entrer au port de Lorient, et le 22 le jeune naturaliste était au milieu de sa famille.

Adolphe Doumerc, après son retour en France, continua à marcher dans la voie que lui traçaient ses aptitudes scientifiques ; il avait déjà su mériter l'attention des naturalistes les plus distingués, et s'attirer la bienveillance de G. Cuvier et de Walckenaër. Abandonnant ses premières études de droit, bien qu'il fût parvenu presque à la licence, il suivit les cours de la Faculté de médecine de Paris, qui lui offraient un but plus en rapport avec son goût pour les travaux de l'histoire naturelle. En 1828 il présenta un mémoire à la Société des lettres, sciences et arts de Metz et fut reçu membre de cette Société. Il soutint à Paris le 4 juin 1830 sa thèse inaugurale de doctorat, dont le sujet était : *Essai sur l'usage du seigle ergoté dans l'accouchement et examen thérapeutique sur l'emploi de ce médicament dans le cas d'inertie de la matrice.*

Peu de temps après avoir conquis sa position dans la carrière médicale, le 9 juillet 1832, M. Doumerc épousa mademoiselle Sophie Fargues, fille de M. François Fargues, à deux reprises préfet de la Haute-Marne (sous le premier empire et sous le règne de Louis-Philippe), et petite-fille du sénateur Henri Fargues.

Le docteur Doumerc commença à s'occuper d'une manière plus spéciale d'entomologie et de botanique à partir de la fondation de notre Société. En 1836, se trouvant à Boulogne-sur-Mer, il donna ses soins à la classification des collections entomologiques du Muséum de la ville, et le 3 août de la même année les administrateurs de cet établissement scientifique le remercièrent par une lettre pleine d'éloges. Ses efforts pour les progrès des sciences naturelles lui valurent, comme récompense du passé et comme encouragement pour l'avenir, la décoration de la Légion d'honneur le 20 février 1839.

M. Doumerc avait eu le projet de se faire attacher au Muséum d'histoire naturelle de Paris, vers lequel il se sentait attiré par le souvenir des études spéciales de sa mission; puis, dans le sens de la profession médicale, il avait songé à s'adonner à la chirurgie dans l'armée de terre ou de mer; mais le manque d'occasion favorable pour la première carrière, les règlements d'âge imposés pour la seconde, le rejetèrent dans d'autres directions. En juin 1841 il fut attaché comme chirurgien à l'état-major de la flotte spéciale que le département des finances avait organisée dans la Méditerranée pour effectuer le service postal avant qu'il fût exécuté par les compagnies de navigation qui en eurent depuis la concession. Une semblable situation avait un intérêt tout particulier pour M. Doumerc, puisqu'elle lui permettait de continuer sur un théâtre moins vaste, il est vrai, mais varié encore, des observations de même genre que celles dont il s'était occupé avec ardeur dans le voyage de sa jeunesse en Amérique; néanmoins il ne conserva sa place que pendant deux ans et revint se fixer définitivement à Paris. Il ne s'y livra qu'à une pratique médicale restreinte, et son extrême désintéressement lui était fort nuisible dans une profession à l'égard de laquelle tant de personnes méconnaissent et oublient les services et le dévouement. Presque tout le temps de M. Doumerc fut dès lors consacré à ses études favorites. La Société entomologique eut la première part dans ses travaux originaux et ses observations directes. Il suivait avec assiduité les séances de la Société, dont les débuts furent parfois pénibles, à l'instar de tant d'idées justes et utiles. Il s'associa aux travaux entomologiques d'un savant distingué, Audinet-Serville, devenu allié de sa famille, et qui mourut un des doyens d'âge de la Société entomologique. Dans la séance du 3 janvier 1838 M. Doumerc avait été élu archiviste, à la suite de la démission de M. Audinet-Serville. On lui doit, dans son passage assez court à ces fonctions, l'adoption par la Société d'une mesure importante, demeurée toujours en pratique depuis. Il fut décidé sur sa demande, le 17 janvier 1838, que les manuscrits des mémoires destinés aux Annales seraient déposés aux archives, afin de former une collection intéressante d'autographes et surtout de documents pour l'avenir, dans le cas d'impression partielle.

M. Doumerc, particulièrement connu d'un certain nombre de membres, s'était attiré immédiatement leur estime et leur affection par sa parfaite obligeance, son affabilité extrême, par son empressement à communiquer tout ce qui pouvait intéresser la science, à mettre au service de tous sa bibliothèque et ses connaissances si étendues. M. Doumerc avait une vaste érudition entomologique, et nul mieux que lui ne pouvait renseigner sur les anciens auteurs, sans cesse compulsés dans ses travaux. Il se plaisait à faire des catalogues systématiques des ouvrages de Geoffroy, de Linnæus, de Fabricius, et à traduire des livres estimés en Allemagne.

Persuadé que la vie humaine doit être une suite persévérante d'études non interrompues, et c'est là la marque du savant véritable, tandis que pour d'autres la science n'est qu'une distraction éphémère, M. Doumerc a toujours fréquenté les bibliothèques et assisté aux cours publics sur les sciences naturelles, particulièrement à ceux des éminents professeurs du Muséum, dont il était un des auditeurs les plus éclairés. Par une conséquence de ses goûts et de ses études préférées, il faisait du laboratoire d'entomologie l'objet de ses visites, pour communiquer ses récoltes et déterminer ses espèces. Il y rencontrait de la part de tous cette complaisance parfaite que peuvent constater les entomologistes et à laquelle j'ai déjà rendu hommage plusieurs fois ; M. Doumerc savait apprécier cette urbanité traditionnelle, soit sous Victor Audouin, soit avec le savant illustre qu'il eut pour collègue dans la fondation de notre Société, soit sous son digne successeur.

Les dernières années de M. Doumerc furent attristées par un accident qui lui rendait l'étude fort pénible, la paralysie des paupières supérieures ; aussi fut-il souvent privé, à son grand regret, de pouvoir assister aux séances de la Société ; surmontant ses souffrances il y venait cependant encore de temps à autre, dans le désir d'apporter à la science objet de ses affections une observation utile, et peu de jours avant sa mort la Société le voyait encore au milieu d'elle, avec le plus bienveillant intérêt, heureuse de retrouver en lui un des membres fondateurs devenus si peu nombreux.

La science médicale de M. Doumerc lui avait fait pressentir et prévoir plusieurs années à l'avance la mort si prompte à laquelle il était destiné. Dans l'après-midi du 23 septembre 1868 il fut inopinément frappé d'apoplexie, chez lui, au retour d'une course ; il perdit presque immmédiatement connaissance et mourut le 25 septembre sans avoir repris ses sens, malgré les soins immédiats les plus empressés.

Pour l'accomplissement du douloureux devoir qui m'était confié par la Société entomologique, j'ai dû nécessairement me mettre en relations avec la famille de notre collègue si regretté. Qu'il me soit permis d'apporter à Mme Doumerc le respectueux hommage de toute mon estime, et de la remercier, au nom de nous tous, pour la grâce exquise avec laquelle elle m'a accueilli, bien que ma démarche dût réveiller chez elle les plus cruels souvenirs.

Dans la famille de notre collègue le présent et l'avenir sont dignes du passé. M. Doumerc a laissé un fils, M. Armand Doumerc, à qui ses brillants débuts au barreau de Paris ont ouvert immédiatement l'entrée de la magistrature, et qui vient de s'allier à un des conseillers les plus éminents de la Cour impériale de Paris ; il a laissé aussi une fille mariée à M. Charles Tranchant, secrétaire général de la Compagnie des services maritimes des Messageries impériales, et membre du conseil général du département de la Vienne.

M. Doumerc avait pour sœur Mme Béhic, femme de l'ancien ministre de l'agriculture, du commerce et des travaux publics.

M. Doumerc avait rassemblé une collection entomologique comprenant tous les ordres des Insectes ; cette collection, à titre de souvenir du pays d'origine, a été offerte par sa veuve à Montauban et a été placée dans le Musée d'histoire naturelle de cette ville. Elle comprend quelques types intéressants comme ayant servi aux descriptions originales de Latreille et d'Audinet-Serville. Elle se compose d'environ cinquante boîtes de Coléoptères, vingt-cinq de Lépidoptères, vingt-quatre d'Hyménoptères, vingt d'Hémiptères, quinze de Diptères, huit d'Orthoptères, quatre de Névroptères et une d'Arachnides. L'avantage de cette collection est surtout dans sa généralité entomologique, qui lui permettra de rendre des services aux études dans une ville dont les ressources scientifiques sont probablement assez restreintes comme celles de la plupart des villes de province. La collection se compose d'Insectes de tous pays, avec la distribution géographique indiquée par les paillettes pareilles à celles de la collection du Muséum (*blanc* pour l'Europe, *jaune* pour l'Asie, *bleu* pour l'Afrique, *vert* pour l'Amérique et *rose* pour l'Australie). Une partie des Insectes ne porte que des noms génériques.

Mme Doumerc a désiré que la Société entomologique gardât un souvenir durable et utile des travaux d'un de ses membres fondateurs les plus zélés. Continuant une pensée qui, du vivant de M. Doumerc, avait reçu un commencement d'exécution, elle a offert à nos archives un certain nombre de manuscrits inédits, soit mémoires originaux, soit traductions. La Société ne peut que remercier Mme Doumerc de cette bonne pensée, qui permettra à certains de ses membres de trouver des documents pour leurs études. J'ai relevé, comme indication excellente à consulter, la liste des manuscrits ainsi remis aux archives.

Almanach des chenilles ou description systématique de toutes les chenilles connues en Allemagne, par J.-J. Schott. — Francfort-sur-le-Mein, 1830. — Traduction presque complète, s'arrêtant au genre *Boarmia* dans les Phalénides.

Monographie des Carabiques, 1re partie, par Zimmermann, 1831. — Traduction.

Histoire naturelle des Aranéides, 1821.

Mémoire sur l'anatomie des Araignées.

Mémoire sur l'Epéire calophylle, 1824.

Mémoire sur l'anatomie des Scorpions.

Notice sur un Scorpion amphibie de la Nouvelle-Hollande.

Notice sur les mœurs de l'*Ichneumon purgator* (Hymén.).

Note sur trois nouvelles espèces d'Acridites qui habitent les hautes montagnes de France.

Notes sur les genres *Zabrus* (Clairv.) et *Pelor* (Bon.), Coléoptères carnassiers.

Notes (incomplètes) sur divers Hyménoptères.

Entomologie parisienne ou catalogue des Insectes recueillis par Geoffroy aux environs de Paris, avec les noms génériques et spécifiques des auteurs les plus récents (en latin).

Méthode d'entomologie ; classifications.

Répertoire d'entomologie agricole, ou Catalogue général des Insectes dont les larves ou les chenilles se nourrissent aux dépens des végétaux indigènes et exotiques, 1861.

Notes sur des Papillons et Insectes divers étrangers. Wandsback, septembre 1849.

Petit carnet contenant quelques descriptions d'Insectes des environs de Paris.

Catalogue de Coléoptères et d'Orthoptères de la faune française (en latin). — *id.* d'Hyménoptères. — *id.* de Mammifères, Oiseaux, Reptiles et Poissons.

Notes sur les Diptères de Meigen (traductions).

Anatomie comparée. — Considérations générales sur la distinction des sexes des animaux d'après les caractères extérieurs de leurs organes, 1836.

—

Il ne me reste plus pour achever de faire connaître les travaux de M. Adolphe Doumerc, dans cette vie si bien remplie par l'étude des sciences naturelles, qu'à présenter un sommaire des mémoires, observations ou propositions qui ont reçu la publicité de nos Annales. J'ai été considérablement aidé dans cette dernière partie de l'hommage rendu à la mémoire de notre collègue et fondateur par M. J. Fallou, qui a désiré s'associer à moi dans ce souvenir sympathique.

LISTE DES TRAVAUX D'ENTOMOLOGIE

PUBLIÉS DANS LES

ANNALES DE LA SOCIÉTÉ ENTOMOLOGIQUE DE FRANCE

DE 1832 A 1868

par le docteur Adolphe DOUMERC

ET EXTRAITS DIVERS RELATIFS A DES COMMUNICATIONS
FAITES PAR LUI A LA SOCIÉTÉ.

—

Séance du 5 décembre 1832. — Mémoire sur le *Psalidomyia fucicola*, nouvelle espèce de Diptère vivant sur les bords de la mer et formant un nouveau genre dans la famille des Athéricères, tribu des Muscides.

Séance du 13 février 1833. — Lecture d'une notice sur quelques monstruosités relatives aux Coléoptères ci-après :

1° *Melolontha vulgaris* à plusieurs jambes sur la même cuisse,

2° *Carabus auratus* qui porte une antenne bifurquée,

3° *Bombus agrorum* à antennes assez difformes pour empêcher de reconnaître par cet organe à quel sexe l'Insecte appartient.

Séance du 6 mars 1833. — Sur la demande de MM. Doumerc et Radiot, la Société décide que tous les ouvrages imprimés ou manuscrits en allemand, anglais et espagnol qui lui seraient envoyés, seront, par ces deux membres, examinés et traduits en totalité ou par extrait s'ils le jugent nécessaire.

— M. Doumerc offre à la Société la traduction qu'il vient de faire d'un ouvrage allemand envoyé dernièrement par M. Klüg (Mémoire sur le rapport des yeux simples frontaux et verticaux avec les yeux latéraux chez les Insectes). — Remis aux archives de la Société en 1869.

Séance du 3 juillet 1833. — Notice sur quelques monstruosités entomologiques.

— Dessin d'un *Melolontha vulgaris* présenté par M. Doumerc (Coléoptère).

Séance du 18 février 1835. — M. Doumerc fait part de la découverte qui vient d'être faite par M. Dugès des organes de la respiration dans les Aranéides Dysdères et Ségestries.

Séance du 19 avril 1837. — Monographie du genre *Pharasis*, de la tribu des Blattiens, par M. E. Blanchard.

A ce sujet M. Doumerc mentionne une observation faite en Amérique sur les habitudes de plusieurs espèces de Blattes.

Séance du 4 septembre 1839. — Présentation à la Société d'un Lépidoptère de la tribu des *Tordeuses,* accompagné du noyau endocardique d'une pêche, où l'insecte a subi ses métamorphoses.

Le Lépidoptère présenté par M. Doumerc ne serait autre, suivant M. Duponchel, que la *Pyralis ribeana* de Fabricius.

M. Doumerc demande si la larve de l'Insecte présenté à la Société se nourrit spécialement de l'amande amère des fruits à noyaux, pour se métamorphoser ensuite dans la demeure qui lui a fourni sa pâture, — ou bien si elle se nourrit des feuilles de différents arbres fruitiers, ne rongeant l'amande des noyaux qu'au moment de la métamorphose, afin de s'y loger et se mettre à l'abri des agents extérieurs.

M. Duponchel fait observer que les larves du Lépidoptère dont M. Doumerc entretient la Société sont polyphages et offrent les plus grandes variations dans le choix des substances qui doivent servir à leur nourriture.

Séance du 20 novembre 1839. — M. Doumerc apporte à la Société une larve se nourrissant de la pulpe des châtaignes, et qu'il croit appartenir à une Teigne ; il fait remarquer que c'est là un exemple à l'appui de celui cité dans la séance du 4 septembre 1839 et qu'il confirme son opinion qu'en général les larves de ces sortes de Lépidoptères se nourrissent de la pulpe des fruits et presque jamais des feuilles.

Séance du 18 novembre 1840. — Notice sur les cocons à pontes unisexuellipares d'une Aranéide (*Theridion triangulifer* Walck.).

1855. — Note sur le *Microgaster perlæ,* parasite de l'Hémerobe perle (Hyménoptères).

1856. — Note sur les mœurs de l'*Erirhinus vorax* (Coléoptères).

1859. — Fait tératologique curieux observé chez une *Coccinella* (Coléoptères).

1859 (séance du 24 novembre 1858). — Notice sur les métamorphoses des *Eulophes* (Hyménoptères.)

1859, Bull., p. xxxix. — Note sur l'origine orthographique du nom de *Leucospis* de Fabricius.

1859, Bull., p. liv. — Note sur la Pyrale à frange en guipure.

1859, Bull., p. cvi. — Note sur une Géomètre dont la larve vit des feuilles de Rosier.

1860, p. 317-321 (séance du 9 novembre 1859). — Notice sur les mœurs de l'*Ichneumon fasciatus* (Fourcroy), parasite du Petit Paon (*Attacus carpini,* Lépid.).

1860, p. 322-325 (séance du 14 décembre 1859). — Notice sur la Teigne du Chanvre.

Séance du 11 janvier 1860. — Notices : 1° Sur les mœurs du *Botys* du *Cobœa* (*Costalis?* Fabr.), — 2° Sur un cas tératologique observé dans un *Smerinthus ocellatus.*

Séance du 22 février 1860. — Notice sur la Teigne des toiles d'Araignées.

Séance du 8 août 1860. — Notice sur la Teigne à losange de l'Orthotriche (p. 579).

En terminant son travail, M. Doumerc fait observer que cette Teigne est facile à apercevoir par l'aspect de la blancheur éclatante de ses ailes supérieures ; elles sont traversées seulement par un filet noir en losange qui forme le chevron dans leur milieu ; elles offrent près de leur base une tache oblongue noire et à leur bord postérieur une série de petits points de la même couleur. M. Doumerc indique qu'il donne, au moins provisoirement, à cet insecte la dénomination de *Tinea orthotrichiella,* à raison de son habitation sur l'Orthotriche (Muscédinée des arbres).

Séance du 22 mai 1861. — Description d'une nouvelle espèce de Névroptère de la tribu des Hémérobiens.

Cette espèce, que M. Doumerc nomme *Chrysopa parvula* et qu'il croit nouvelle, pourrait peut-être, suivant lui, recevoir des néologistes la dénommination générique de *Melanops,* par opposition à celle de *Chrysops,* si ses mœurs, inconnues pour le moment, se trouvaient ultérieurement différentes de celles des autres Hémérobiens. M. Doumerc déclare qu'il

l'aurait volontiers nommée *nigricornis*, si Burmeister n'avait déjà empl
ce nom spécifique pour une espèce américaine du même genre.

Séance du 28 août 1861. — Présentation à la Société d'un Insec
l'état parfait et d'une chrysalide.

L'Insecte est éclos au printemps de 1860 sur des feuilles de hêtre,
lieu de se nourrir de celles des Muffliers et des Linaires ; il a paru diffé
un peu du type général, pour se rapprocher de la *Cleophana serr*
(Treitshke), qui n'a encore été prise que dans le midi de l'Europe.

(MM. Depuiset et Fallou ont, dans la séance du 11 septembre, mo
comparativement plusieurs *Cleophana linaria* à l'état de papillon et à c
de nymphe, et fait remarquer que, pour eux, l'Insecte de M. Doun
n'en diffère pas spécifiquement. Peut-être aussi, suivant eux, la chenille
se nourrit-elle qu'accidentellement des feuilles du hêtre, et ne se trouv
elle sur cet arbre que pour chercher à se chrysalider sous les écorces

Séance du 12 février 1862. — Note sur un Coléoptère qui vit
dépens des feuilles de houblon. Il a paru, après un examen attentif,
c'était le *Syncalypta spinosa* de Rossi, de la famille des Byrrhides.

— M. Doumerc rapporte un nouveau fait relatif à la longévité des Inse
dans certains cas. Il conserve vivante, chez lui, depuis le 29 octobre 18
une *Pyrameis atalanta* femelle (le Vulcain), qui, logée dans un bo
est restée exposée à la rigueur du froid dans une armoire placée sur
terrasse en plein air.

Séance du 27 janvier 1864. — Notice sur deux nouvelles esp
d'Aranéides propres au Sénégal : les *Thomisus yolosus* et *Epeira arr*
tipes.

Séance du 11 septembre 1867. — Lettre pour offrir à la Société la
duction française du grand ouvrage de Meigen sur les Diptères d'Eur
Ce travail manuscrit a fait partie de la bibliothèque d'Audinet-Servill

La Société accepte l'offre de M. Doumerc, et charge son secrétaire
lui adresser ses remercîments.

Séance du 9 septembre 1868. — Communication à la Société d'un C
nus (Coléopt. Curcul.) ravageant les betteraves dans les environs de M
cou (Bull. LXXXV).

PARIS. — Typographie FÉLIX MALTESTE ET Cᵉ, rue des Deux-Portes-Saint-Sauveur,

www.ingramcontent.com/pod-product-compliance
Lightning Source LLC
Chambersburg PA
CBHW061454050726
47593CB00004B/1609